SUBSIDIA
CANONICA

SUBSIDIA CANONICA 29

Cómo y cuándo recurrir a la Penitenciaría Apostólica

Mons. Carlos Encina Commentz

EDICIONES
UNIVERSIDAD SAN DÁMASO

© Ediciones Universidad San Dámaso
  Jerte, 10
  E-28005 Madrid

ISBN: 978-84-10270-07-7
D.L.: M-26033-2024

Impreso en papel 100% procedente de bosques gestionados de acuerdo con criterios de sostenibilidad.

Cómo y cuándo recurrir a la Penitenciaría Apostólica

Tercera edición corregida y ampliada

ÍNDICE

PREFACIO

Es para mí un placer presentar este opúsculo, precioso "en" y "por" su brevedad, acerca del *Cuándo y cómo recurrir a la Penitenciaría Apostólica*. Resulta particularmente útil a los sacerdotes y a aquellos que se preparan a la ordenación poder tener en las manos un instrumento tan esencial y práctico para el magnífico ministerio de la Reconciliación, a fin de poder ser instrumentos eficaces del bálsamo de la divina misericordia que se debe derramar en las heridas de tantas almas.

El Tribunal de la misericordia, que es la Penitenciaría Apostólica, es el Dicasterio más antiguo de la Curia Romana, que se remonta a fines del siglo XII y es el primero entre los Tribunales de la Iglesia, precisamente porque el objeto inmediato es aquel coesencial para la Iglesia de Cristo: readmitir a cualquier penitente al abrazo con el Padre Celestial, a la vida de la gracia, a la posibilidad de dejarse santificar, cualquiera haya sido la experiencia de pecado y de delito. Aquí la justicia encuentra su cumbre en la misericordia.

Con un lenguaje y un estilo inmediatamente comprensible para todos, el Autor, Oficial de la Penitenciaría, ilustra las competencias y la metodología del trabajo cotidiano, silencioso y discretísimo del Dicasterio y, en esta tercera edición tan solicitada en varias lenguas, con el fin de facilitar al máximo el trabajo a los confesores y directores espirituales, ofrece algunos modelos de cartas para dirigirse a este Tribunal "sui generis".

La Madre de la misericordia, nuestra Abogada, guíe siempre el trabajo de la Penitenciaría por el camino de la auténtica pastoralidad, mueva los corazones de los penitentes a la contrición y a cada confesor a saber amar con el mismo Corazón del Buen Pastor.

Mauro Card. Piacenza
Penitenciario Mayor Emérito

Roma, 14 de septiembre de 2024
Fiesta de la Exaltación de la Santa Cruz

INTRODUCCIÓN

En los actuales momentos muy pocos sacerdotes y fieles conocen lo que es la Penitenciaría Apostólica, cuál es su competencia, cuándo se debe recurrir a ella y cómo hacerlo del modo correcto. Por este motivo publicamos este breve texto redactado con el esquema de preguntas y respuestas, de un modo sencillo y de fácil comprensión, para que el lector, que no es especialista en derecho canónico, pueda tener un conocimiento suficiente de lo que es la Penitenciaría Apostólica y de sus atribuciones. Vale la pena destacar que ella es la Institución más antigua de la Curia Romana y que realiza una labor directamente relacionada con la *salus animarum*.

¿A qué se debe el desconocimiento de lo que es la Penitenciaría Apostólica y sus funciones?

No es fácil dar una respuesta a esta pregunta. Lo más probable es que la causa se halle en un pobre conocimiento de lo que es el derecho canónico o en una muy insuficiente información acerca de las competencias de la Curia Romana.

En los años 60 y 70 el derecho canónico no gozaba de gran estima y reinaba en aquellas décadas una tendencia que se suele llamar "antijuridismo". En pocas palabras, dicha corriente de pensamiento ve el derecho canónico como algo contrapuesto a la esencia de la Iglesia. El derecho canónico es considerado algo contrario a la "caridad" y algo "poco pastoral". En la Iglesia bastaría el Evangelio y la "ley del amor" ya que el derecho, según la corriente antijuridista, sería algo propio de la sociedad secular y poco coherente con su modo de concebir la naturaleza de la Iglesia.

Ante el menosprecio o incluso el rechazo del derecho canónico la actitud correcta es tratar de comprender su naturaleza. El derecho canónico no es un mero conjunto de normas positivas en la Iglesia. Es mucho más que eso. La definición más adecuada del derecho canónico es: "lo que es justo en la Iglesia". En otras palabras, derecho canónico es aquello que le corresponde a un fiel católico y le debe ser reconocido, restituido, dado por los otros. La existencia del derecho posibilita el ejercicio de los actos de justicia, ya que la justicia consiste precisamente en dar a cada cual lo suyo, *unicuique suum* (Ulpiano).

Se puede afirmar con toda seguridad que el derecho canónico es verdadero derecho y no algo "parecido" al derecho o un derecho solo en sentido analógico. El derecho canónico es tan derecho como lo es el derecho civil o el derecho procesal. Las particularidades del derecho canónico se sitúan en el ámbito de lo que es accidental y no afectan a su verdadera índole jurídica.

I. LA PENITENCIARÍA APOSTÓLICA, SU ORGANIZACIÓN Y COMPETENCIA

1. ¿QUÉ ES LA PENITENCIARÍA APOSTÓLICA?

La Penitenciaría Apostólica es uno de los Tribunales Apostólicos cuya competencia recae exclusivamente sobre el *fuero interno*, el ámbito íntimo de las relaciones entre Dios y el fiel. Ella concede "absoluciones", "dispensas", "gracias", "sanaciones" y "conmutaciones" (cfr. *Praedicate Evangelium*, 191). A la Penitenciaría Apostólica se le ha encomendado también la concesión de indulgencias (cfr. *Praedicate Evangelium*, 193).

2. ¿CUÁL ES SU ESTRUCTURA?

A la cabeza de la Penitenciaría Apostólica se encuentra el Cardenal Penitenciario Mayor. Un Consejo de prelados lo asesoran en la toma de decisiones de los casos más complejos. Entre estos prelados se encuentra el Regente, que es el encargado de la organización y del buen funcionamiento del Tribunal y que, en ausencia del Cardenal Penitenciario Mayor, lo reemplaza. El teólogo y el canonista son también miembros del Consejo de prelados.

Los oficiales de la Penitenciaría son sacerdotes que participan en las reuniones cotidianas, presididas por el Cardenal Penitenciario Mayor o por el Regente. Ellos estudian los casos, proponen una posible solución y finalmente redactan las respuestas que posteriormente serán sometidas a la decisión del Cardenal Penitenciario Mayor y firmadas por él.

3. ¿CUÁLES SON LAS FUNCIONES DEL CARDENAL PENITENCIARIO MAYOR?

En su persona se concentran todas las atribuciones de este Tribunal Apostólico. Sus facultades son difíciles de enumerar, considerando la amplia gama de casos de conciencia que se pueden presentar. Se puede decir que el Santo Padre le ha confiado en el fuero interno el pleno ejercicio del "poder de las llaves". En el ejercicio de sus facultades tiene, sin embargo, una limitación, que es la de no poder ejercitarlas sin haber consultado previamente el parecer de sus colaboradores.

A él compete el nombramiento y concesión de facultades a los Penitenciarios Menores que prestan sus servicios en las cuatro Basílicas Papales de Roma.

Otra función que corresponde al Penitenciario Mayor es la de firmar los documentos públicos de la Penitenciaría, las decisiones y la correspondencia de mayor importancia.

Durante la vacancia de la Sede Apostólica él es el único de los Jefes de Dicasterio que permanece en su cargo en atención a sus relevantes funciones directamente relacionadas con el bien espiritual de las almas. Incluso durante el cónclave, si fuese necesario, el Tribunal tiene la posibilidad de hacerle llegar los documentos que sean particularmente urgentes (cfr. *Universi dominici gregis*, 14).

II. DELITOS DE COMPETENCIA
DE LA PENITENCIARÍA APOSTÓLICA

4. ¿CUÁLES SON LOS DELITOS CANÓNICOS QUE CAEN BAJO LA COMPETENCIA EXCLUSIVA EN EL FUERO INTERNO DEL TRIBUNAL DE LA PENITENCIARÍA APOSTÓLICA?

Los delitos que competen a la Penitenciaría Apostólica son:
- la profanación de las Sagradas Especies eucarísticas (cfr. can. 1382 § 1 CIC);
- la violación directa del sigilo sacramental (cfr. can. 1386 § 1 CIC);
- la absolución del cómplice en un pecado contra el sexto mandamiento del Decálogo (cfr. can. 1384 CIC);
- la agresión física a la persona del Romano Pontífice (cfr. can. 1370 § 1 CIC);
- la consagración episcopal sin mandato pontificio (cfr. can. 1387 CIC);
- la atentada ordenación sagrada de una mujer (cfr. can. 1379 § 3 CIC).

Todos estos delitos son sancionados con una excomunión *latae sententiae*, esto es, una pena en la cual se incurre automáticamente por el solo hecho de cometer el delito, y cuya absolución o perdón está reservada a la Sede Apostólica.

5. ¿EN QUÉ CONSISTE EL DELITO DE PROFANACIÓN DE LAS SAGRADAS ESPECIES?

La profanación de las Sagradas Especies es un delito gravísimo en el cual se ofende directamente a Dios. Consiste en la retención indebida de las Especies eucarísticas con fines sacrílegos, supersticiosos u obscenos, o más en general, en cualquier acción voluntaria (sea individualmente o en presencia de

Pero

otras personas) gravemente despreciativa hacia el Santísimo Sacramento, en el cual Jesucristo resucitado está verdadera, real y sustancialmente presente.

6. ¿EN QUÉ CONSISTE LA VIOLACIÓN DIRECTA DEL SIGILO SACRAMENTAL?

Este es un delito que puede ser cometido solo por un sacerdote que ha actuado como confesor, aun cuando eventualmente no haya impartido la absolución sacramental.

Para que exista una violación directa del sigilo sacramental es necesario que el confesor haya revelado dolosamente un pecado escuchado en confesión y también la identidad del penitente que lo ha confesado.

Todo confesor debe saber que la ley del sigilo sacramental no admite ninguna excepción y que ninguna autoridad en la tierra puede dispensarlo de ella, aun cuando se pretendiese evitar un gran mal.

Debe recordarse siempre que al confesor no le está permitido, nunca y por ningún motivo, "descubrir al penitente, de palabra o de cualquier otro modo" (can. 983 § 1 CIC), del mismo modo que "está terminantemente prohibido al confesor hacer uso, con perjuicio del penitente, de los conocimientos adquiridos en la confesión, aunque no haya peligro alguno de revelación" (can. 984 § 1 CIC).

La doctrina, posteriormente, ha contribuido, además, a especificar el contenido del sigilo sacramental, que comprende "todos los pecados tanto del penitente como de otros conocidos por la confesión del penitente, mortales o veniales, ocultos o públicos, en cuanto manifestados en orden a la absolución y, por tanto, conocidos por el confesor en virtud de la ciencia sacramental"[1].

La razón de ser de la pena de excomunión para este delito es tutelar la santidad del sacramento de la Penitencia o Reconciliación, único medio a

---

[1] V. De Paolis – D. Cito, *Le sanzioni nella Chiesa. Commento al Codice di Diritto Canonico. Libro VI*, Città del Vaticano, Urbaniana University Press, 2000, p. 345.

través del cual los fieles obtienen ordinariamente el perdón de sus pecados graves.

7. ¿EN QUÉ CONSISTE LA ABSOLUCIÓN DEL CÓMPLICE EN UN PECADO CONTRA EL SEXTO MANDAMIENTO DEL DECÁLOGO?

El delito de absolución del cómplice lo puede cometer el sacerdote que actúa como confesor "absolviendo" a un penitente de un pecado contra la castidad en el que ambos han participado. En este caso el confesor, en realidad, *no lo absuelve válidamente*, salvo en peligro de muerte, y comete además un gravísimo delito, haciendo creer al penitente que su pecado ha sido absuelto (cfr. can. 977 CIC). El sacerdote carece de facultad para absolver de este tipo de pecados cuando se trata de un cómplice suyo.

Esta figura delictiva comprende todos los pecados externos cometidos con un cómplice en materia de castidad, incluso si el pecado tuvo lugar antes de la ordenación del sacerdote.

La Iglesia pretende tutelar mediante esta pena la santidad del sacramento de la Penitencia y procura la efectiva enmienda de los culpables.

Lógicamente, para cometer este delito, el confesor debe darse cuenta de que está absolviendo a una persona de un pecado que han cometido juntos. Si el confesor no reconoce al penitente, no comete este delito. Si el cómplice no confiesa un pecado contra la castidad cometido con el confesor, porque ya ha sido absuelto de él por otro confesor, tampoco se configura este delito.

8. ¿CÓMO HA DE REACCIONAR UN CONFESOR CUANDO UN CÓMPLICE SUYO LE PIDE LA ABSOLUCIÓN?

El confesor deberá decirle con franqueza que él no lo puede absolver del pecado cometido en complicidad, porque dicha absolución sería inválida (cfr. can. 977 CIC) y además cometería él mismo un gravísimo delito.

9. ¿QUÉ SUCEDE SI EL CONFESOR IGNORA QUE EXISTE LA PENA DE EXCOMUNIÓN AL MOMENTO DE ABSOLVER A UN CÓMPLICE DE UN PECADO CONTRA LA CASTIDAD?

En este caso, la ignorancia no lo exime de la pena, porque se trata de una ignorancia inexcusable. Todo sacerdote habilitado para ejercer el ministerio de la confesión debe conocer las normas canónicas referentes a este sacramento.

10. ¿EN QUÉ CONSISTE LA AGRESIÓN FÍSICA A LA PERSONA DEL ROMANO PONTÍFICE?

Este es un delito que en la práctica difícilmente puede ocurrir y que además será casi siempre público. Se entiende por él el empleo de la violencia física con intención de atentar contra la vida y la integridad de la persona del Romano Pontífice.

11. ¿EN QUÉ CONSISTE LA CONSAGRACIÓN EPISCOPAL SIN MANDATO PONTIFICIO?

Este delito sucede también raramente. Consiste en conferir el sacramento del Orden sagrado en el grado del episcopado, a un fiel sin mediar la debida autorización pontificia. Lo puede cometer solo un Obispo católico cuando realiza una ordenación episcopal sin la autorización del Romano Pontífice. Dicha ordenación es válida pero ilícita. Es competente la Penitenciaría si la ordenación permanece oculta.

12. ¿EN QUÉ CONSISTE EL DELITO DE ATENTADA ORDENACIÓN SAGRADA DE UNA MUJER?

Este delito lo comete cualquiera que atente conferir las sagradas órdenes a una mujer, así como una mujer que atente recibirlas. Tal ordenación es evidentemente inválida (cfr. can. 1024 CIC).

Para este delito, difícilmente ocultable, la absolución se concede en el fuero externo por el Dicasterio para la Doctrina de la Fe y en el fuero interno por la Penitenciaría Apostólica si hubiera permanecido oculto.

13. ¿CON QUÉ TIPO DE PENA CANÓNICA SON SANCIONADOS ESTOS DELITOS?

Los seis delitos anteriormente señalados son sancionados con una excomunión *latae sententiae*, que es un tipo de pena en la que se incurre automáticamente por el solo hecho de cometer tales delitos, sin que sea necesario imponerla por medio de un proceso canónico o de un decreto.

14. ¿QUÉ EFECTOS TIENE PARA UN FIEL LA PENA DE EXCOMUNIÓN?

A un fiel excomulgado se le prohíbe:
- la celebración del Sacrificio eucarístico y de los demás sacramentos;
- recibir los sacramentos;
- administrar los sacramentales y celebrar las demás ceremonias de culto litúrgico;
- tener cualquier parte activa en las celebraciones anteriormente enumeradas;
- desempeñar oficios, cargos, ministerios y funciones eclesiásticos;
- realizar actos de régimen (cfr. can. 1331 CIC).

15. ¿POR QUÉ LA IGLESIA CASTIGA CON PENAS CANÓNICAS CIERTOS PECADOS?

La existencia de un derecho penal canónico es un modo de proteger lo que es justo en la Iglesia. La pena canónica tiene además fines medicinales, expiatorios y preventivos. Para la autoridad en la Iglesia los derechos de los fieles son de gran importancia y procura tutelarlos a través de diversos medios, uno de ellos es la imposición de penas canónicas.

16. ¿QUIÉN PUEDE SER SANCIONADO CON UNA PENA CANÓNICA?

En principio, es posible que sea sancionado con una pena canónica todo fiel de la Iglesia que viole externamente una ley o un precepto que lleven anexa una pena si dicha acción le es gravemente imputable por dolo o culpa (cfr. can. 1321 § 2 CIC). Pueden, sin embargo, existir ciertas causales que eximen o atenúan la responsabilidad penal. Por ejemplo, son incapaces de cometer un delito canónico quienes carecen habitualmente del uso de razón (cfr. can. 1322 CIC).

17. ¿PUEDE SER SANCIONADO CON UNA PENA CANÓNICA UN MENOR?

Para poder ser sancionado con una pena canónica es necesario haber cumplido 16 años de edad (cfr. can. 1323, 1° CIC). Si el fiel es menor de 16 años, habrá cometido posiblemente un grave pecado, pero sin incurrir en una pena canónica. Cuando se trata de penas canónicas *latae sententiae*, es necesario haber cumplido 18 años de edad para incurrir en ellas (cfr. can. 1324 § 3 CIC).

18. ¿QUÉ QUIERE DECIR QUE UNA EXCOMUNIÓN ESTÉ "RESERVADA" A LA SANTA SEDE?

Quiere decir que solo la Santa Sede puede perdonar tal pena. En los casos anteriormente señalados el órgano competente en el fuero interno es el Tribunal de la Penitenciaría Apostólica. El hecho de que exista una "reserva" establecida para ciertos delitos no obedece a una mentalidad burocrática, sino a que ciertos actos, por su particular gravedad, requieren una consideración especial; al mismo tiempo, la reserva cumple una función disuasiva.

19. ¿CUÁNDO ES POSIBLE ABSOLVER A UN FIEL DE UNA EXCOMUNIÓN?

La excomunión, por ser una censura o pena medicinal, ha de ser absuelta una vez que el fiel se ha arrepentido del pecado que ha cometido.

En las penas medicinales la verificación de la contumacia juega un papel fundamental. "Contumacia" es la actitud persistente de rebeldía frente a la autoridad y sus mandatos que manifiesta quien ha cometido un delito.

La finalidad principal de las penas medicinales es, pues, corregir la contumacia y lograr que el fiel se convierta; por eso no se pueden imponer por un tiempo determinado, ni dejar la absolución al arbitrio del Superior. Una vez cesada la contumacia, la absolución de ella no puede ser denegada porque el fiel tiene un verdadero derecho a ser absuelto (cfr. can. 1358 § 1 CIC).

20. ¿PUEDE SER ABSUELTO DE SUS PECADOS UN FIEL EXCOMULGADO?

No, porque la pena de excomunión prohíbe la recepción de los sacramentos. Es necesario en primer lugar remover la excomunión y después el fiel podrá recibir la absolución de sus pecados. Sin embargo, en peligro de muerte, todo fiel puede ser absuelto de cualquier censura y pecado por parte de cualquier sacerdote, aun desprovisto de facultad para confesar (cfr.

can. 976 CIC). Esto se funda en el principio de que la ley suprema en la Iglesia es la salvación de las almas (cfr. can. 1752 CIC).

21. ¿QUIÉN PUEDE ABSOLVER A UN FIEL DE LA PENA DE EXCOMUNIÓN?

Puede hacerlo solo la autoridad que por la ley eclesiástica está facultada para ello o quien ha recibido la correspondiente delegación. En el caso de las excomuniones reservadas a la Sede Apostólica por los delitos anteriormente señalados, la autoridad competente es la Penitenciaría Apostólica, siempre que se trate de casos ocultos y que la excomunión no hubiera sido declarada en el fuero externo.

22. CUANDO UNA EXCOMUNIÓN HA SIDO DECLARADA EN EL FUERO EXTERNO, ¿PUEDE LA PENITENCIARÍA APOSTÓLICA ABSOLVER AL FIEL DE DICHA CENSURA?

Cuando una censura es declarada en el fuero externo la Penitenciaría Apostólica no puede intervenir, ya que ella es un Tribunal del fuero interno. En orden a obtener la absolución se deberá recurrir a la autoridad competente del fuero externo.

23. ¿POR QUÉ SE DECLARA EN EL FUERO EXTERNO UNA PENA CANÓNICA?

Para prevenir el escándalo o daño a los fieles la autoridad eclesiástica se ve en la obligación de *declarar*, hacer de público conocimiento, que un determinado sujeto está excomulgado. A esto se le llama "declaración de excomunión" y tiene algunas consecuencias jurídicas que agravan la situación del excomulgado. Entre ellas, que la absolución deja de pertenecer al fuero interno y debe hacerse en el fuero externo, con publicidad.

24. ¿QUÉ PUEDE HACER UN FIEL QUE HA SIDO ABSUELTO DE UNA CENSURA *LATAE SENTENTIAE* EN EL FUERO INTERNO SI POSTERIORMENTE EL DELITO QUE DIO ORIGEN A AQUELLA PENA CANÓNICA SALE A LA LUZ PÚBLICA Y, EN CONSECUENCIA, PASA A SER DE FUERO EXTERNO?

Ciertamente se trata de una situación que en la práctica es poco frecuente pero que bien podría darse. En tal caso, la carga de la prueba queda solo en manos del fiel absuelto en fuero interno. Solamente él posee el número de protocolo del rescripto de la Penitenciaría con el cual podría probar que fue absuelto válida y legítimamente en el fuero interno por la autoridad competente. Por lo tanto, no parecería coherente imponerle de nuevo una censura para castigar tal delito, ya que la censura cumplió en su momento su función de romper la contumacia de tal fiel y lo condujo a su arrepentimiento. Las censuras, como se ha dicho anteriormente, son penas medicinales y cuando un fiel ya se ha arrepentido de su delito, no tiene sentido imponerlas. La reciente reforma del Libro VI establece que en estos casos la autoridad puede en cambio imponer una pena expiatoria (cfr. can. 1361 § 4 CIC).

25. ¿CÓMO HA DE PROCEDER UN CONFESOR QUE SE ENCUENTRA FRENTE A UN FIEL QUE HA INCURRIDO EN UNA CENSURA QUE ESTÁ RESERVADA A LA SEDE APOSTÓLICA O AL ORDINARIO DEL LUGAR?

Cuando una censura no haya sido declarada y el hecho no sea de dominio público, el confesor puede hacer tres cosas y, entre ellas, elegirá la que juzgue más conveniente para el bien espiritual del penitente:

a. Cuando la censura está reservada al Ordinario del lugar, puede decir al penitente que —si lo desea— puede acudir al mismo Ordinario del lugar o confesarse con un Obispo o con el canónigo penitenciario o con el penitenciario diocesano (cfr. can. 1355 § 2 CIC), los cuales tienen las facultades necesarias para absolver de la censura. Si no desea hacerlo, el confesor puede hacerse cargo del problema siguiendo unas de las dos opciones siguientes.

b. El confesor dirá al penitente que el mismo confesor debe pedir –de modo reservado y sin mencionar nombres– autorización para poderle absolver de la censura, y que el penitente deberá regresar para recibir la absolución de la censura y de los pecados, y conocer la penitencia que haya impuesto quien haya concedido la autorización. En este caso el confesor debe recurrir cuanto antes a la autoridad competente a la cual esté reservada la censura y pedir la licencia de absolver la censura y la penitencia que debe imponer al penitente. En los seis casos mencionados más arriba que están reservados a la Sede Apostólica, el confesor deberá dirigirse a la Penitenciaría Apostólica.

c. Cuando resulte gravoso al fiel permanecer todo ese tiempo de espera en estado de pecado grave, sin poder recibir los sacramentos hasta que a su confesor le llegue el permiso de absolver, y realmente está arrepentido del delito que ha cometido, el confesor puede en virtud del can. 1357 CIC absolver al fiel de la censura y de sus pecados, y decirle que vuelva pasadas unas semanas, en una fecha de común acuerdo, para recibir la penitencia. En este caso el confesor tiene el deber de recurrir dentro de 30 días a la autoridad competente a la cual esté reservada la censura, para indicar el hecho y pedir una congrua penitencia. El § 2 del mismo canon establece que la obligación de recurrir recae sobre el penitente que ha sido absuelto en confesión; sin embargo, es más conveniente que sea el confesor el que se dirija al Tribunal de la Penitenciaría Apostólica porque sabrá mejor cómo hacerlo y además de esta manera se puede proteger el anonimato del penitente. Si la obligación de recurrir se incumple culpablemente en el plazo de un mes, se incurre nuevamente en la pena (cfr. can. 1357 § 2 CIC).

26. ¿ES BUENO QUE EL CONFESOR HAGA USO DE ESTA ÚLTIMA FACULTAD QUE LE CONCEDE EL CAN. 1357?

Es ciertamente una cosa buena que el confesor haga uso de ella y que con sus consejos logre conducir al penitente a un sincero arrepentimiento, de modo que para él se le haga gravoso tener que esperar hasta que llegue la respuesta del Ordinario del lugar o de la Penitenciaría Apostólica a su confesor para poder ser perdonado de sus pecados y recibir la Santa Comunión.

27. ¿CÓMO SE RECURRE A LA PENITENCIARÍA APOSTÓLICA?

Se recurre a la Penitenciaría Apostólica a través de una *carta* normal y simple —si es posible escrita a máquina por razón de claridad— en la cual el confesor, *omitiendo* el nombre del penitente y cualquier circunstancia que pueda identificarlo[2], comunica a la Penitenciaría Apostólica que pide licencia para absolver de una censura o comunica que ya la ha absuelto como caso urgente haciendo uso de la facultad que concede el can. 1357 CIC. En dicha carta el confesor procurará exponer objetivamente lo sucedido, en forma clara y sintética, pero mencionando todas las circunstancias que hayan concurrido en el delito que puedan agravar o atenuar la culpabilidad.

28. ¿QUÉ DATOS DEBE CONTENER EL RECURSO CUANDO SE TRATA DE UN DELITO DE PROFANACIÓN DE LAS SAGRADAS ESPECIES?

En el caso del delito de profanación de las Sagradas Especies es necesario mencionar en el recurso lo siguiente:
- edad aproximada del penitente y su salud psíquica;
- cuándo cometió el delito;

---

2   En la exposición de los hechos se deben utilizar nombres ficticios.

- cuántas veces lo cometió;
- en qué forma lo cometió;
- cuáles fueron los motivos que lo indujeron a la profanación;
- si cometió el delito a solas o en presencia de otros;
- si lo cometió por instigación de alguna secta y, en tal caso, si ya ha roto sus contactos con ella[3].

29. ¿QUÉ DATOS DEBE CONTENER EL RECURSO CUANDO SE TRATA DE UN DELITO DE VIOLACIÓN DIRECTA DEL SIGILO SACRAMENTAL?

En el caso del delito de violación directa del sigilo sacramental es necesario mencionar en el recurso lo siguiente:

- edad aproximada del penitente;
- cuándo cometió el delito;
- cuántas veces lo cometió;
- en qué circunstancias lo cometió;
- si lo hizo deliberadamente o si se trató más bien de un acto de imprudencia;
- si derivaron daños para la persona afectada por tal violación;
- si el penitente es un confesor que habitualmente es prudente en esta materia[4].

---

3   Cfr. Modelo en p. 51.
4   Cfr. Modelo en p. 53.

30. ¿QUÉ DATOS DEBE CONTENER EL RECURSO CUANDO SE TRATA DE UN DELITO DE ABSOLUCIÓN DEL CÓMPLICE DE UN PECADO CONTRA EL SEXTO MANDAMIENTO DEL DECÁLOGO?

En el caso de absolución del cómplice de un pecado contra el sexto mandamiento del Decálogo es necesario mencionar en el recurso lo siguiente:

- edad aproximada del penitente;
- edad aproximada del cómplice;
- estado del cómplice: soltero (a), casado (a), religioso (a), sacerdote;
- cuántas veces atentó dar la absolución;
- cuándo fue la última vez que lo hizo;
- si ha roto las relaciones pecaminosas con la persona del cómplice;
- si el penitente conduce una vida propia de un sacerdote: celebración diaria de la Santa Misa, rezo de la Liturgia de las Horas, etc[5].

31. ¿POR QUÉ HAY QUE INCLUIR TODOS ESTOS DATOS EN EL RECURSO?

La inclusión de estos datos en el recurso posibilita una evaluación más justa del caso concreto, sirve para la determinación de la penitencia que se le impondrá al penitente y también para determinar la duración de la concesión de facultades ministeriales. Estos elementos permiten a la Penitenciaría Apostólica dar instrucciones que sean verdaderamente provechosas para el penitente que ha sido absuelto de una censura.

---

5   Cfr. Modelo en p. 55.

32. ¿SE PUEDE UTILIZAR EL FAX O EL INTERNET PARA ENVIAR UN RECURSO?

Por tratarse de materias frecuentemente protegidas por el sigilo sacramental, o en todo caso, de conciencia, no se utilizan medios electrónicos, como el internet o el fax. Se estima que la carta garantiza mejor la tutela del secreto en estas materias relacionadas con la conciencia del fiel.

33. ¿EN QUÉ LENGUAS SE PUEDE ESCRIBIR A LA PENITENCIARÍA APOSTÓLICA?

Se puede escribir a este Tribunal en todas las lenguas existentes. No obstante, para facilitar el trabajo del personal y obtener una respuesta más rápida se recomienda utilizar alguna de las siguientes lenguas: italiano, inglés, alemán, francés, español, portugués, polaco o latín.

34. ¿QUÉ DIRECCIÓN SE HA DE PONER EN EL SOBRE QUE VA DIRIGIDO A LA PENITENCIARÍA APOSTÓLICA?

Como dirección basta colocar: Penitenciaría Apostólica, 00120 Ciudad del Vaticano.

35. ¿HAY QUE PAGAR ALGO CUANDO SE RECURRE A LA PENITENCIARÍA APOSTÓLICA?

No. Los recursos ante este Tribunal son siempre *absolutamente gratuitos* y por ellos ni siquiera se aceptan limosnas voluntarias.

36. ¿CUÁNTO TARDA UNA RESPUESTA DE LA PENITENCIARÍA APOSTÓLICA?

La Penitenciaría Apostólica procura despachar las respuestas en el plazo de 24 horas. La carta llegará a manos del confesor según la eficiencia del servicio de correos del respectivo país.

37. ¿CÓMO DEBE COMUNICAR EL CONFESOR EL CONTENIDO DE LA RESPUESTA DE LA PENITENCIARÍA APOSTÓLICA AL PENITENTE QUE HA ABSUELTO DE UNA CENSURA?

El modo adecuado es hacerlo en una nueva confesión. Para ello conviene que el confesor se ponga de acuerdo con el penitente en una fecha posible para ambos. El penitente tiene derecho a no ser reconocido y a no ser visto, por lo tanto, el nuevo encuentro con el confesor puede realizarse en la sede del confesionario con rejilla. El confesor comunicará al penitente el contenido de la respuesta de la Penitenciaría y la destruirá lo antes posible. Es conveniente que el penitente conserve el número de protocolo de la respuesta de la Penitenciaría, porque en algunos casos tendrá que recurrir nuevamente y será entonces necesario indicar el número de protocolo para que este Tribunal pueda identificar el caso.

38. ¿QUÉ CONTIENE FUNDAMENTALMENTE UN RESCRIPTO DE LA PENITENCIARÍA APOSTÓLICA?

Un rescripto de la Penitenciaría Apostólica contiene normalmente la ratificación de la absolución de una censura concedida como caso urgente en virtud de lo dispuesto por el can. 1357 CIC y si el penitente todavía no ha sido absuelto de la censura, la Penitenciaría Apostólica concede por Autoridad Apostólica la facultad al confesor de absolver de una censura reservada al penitente bien dispuesto.

Además, en dicho rescripto, este Tribunal impone una penitencia que el penitente deberá cumplir y dará algunas instrucciones al confesor en relación con el penitente.

39. ¿QUÉ SUCEDE SI EL CONFESOR NO PUDIERA REUNIRSE NUEVAMENTE CON EL PENITENTE?

Es posible que el penitente viva en un lugar lejano y no pueda volver a presentarse ante el confesor que lo ha absuelto. En tal caso se puede optar por una de las siguientes posibilidades:

a. El penitente puede darle al confesor su dirección, para que éste pueda comunicarle por carta en modo breve y tutelando el sigilo sacramental el contenido de la respuesta de la Penitenciaría. Por ejemplo, escribiendo simplemente: "Gracia concedida. Aquella persona deberá rezar dos rosarios por semana durante tres meses".

b. Como ya se ha dicho anteriormente, en realidad la obligación de recurrir según el Código recae sobre el penitente (cfr. can. 1357 § 2 CIC), no existe ningún impedimento que acuda a otro confesor que esté más a su alcance, para que él recurra a la Penitenciaría informando que el penitente ha sido absuelto por otro confesor utilizando la facultad del can. 1357 CIC. Si se elige esta posibilidad, el nuevo confesor debe redactar el recurso mencionando todos los datos requeridos en los números precedentes.

III. IRREGULARIDADES

40. ¿QUÉ SON LAS IRREGULARIDADES?

Una "irregularidad" es un impedimento de carácter perpetuo que excluye de la recepción de las órdenes sagradas o del lícito ejercicio de las ya recibidas, a menos que sea dispensado por la autoridad competente.

Las irregularidades pueden tener como origen un delito, pero ellas *no son penas canónicas*. Por lo tanto, un fiel puede ser absuelto de un delito que haya cometido y de todos sus pecados, y permanecer en su condición de "irregular", mientras no obtenga la dispensa.

Las irregularidades salvaguardan la reverencia debida a los ministerios sagrados y la dignidad de los propios ministros.

Dado que las irregularidades no tienen un carácter penal, el hecho de ignorarlas no exime al sujeto de ellas (cfr. can. 1045 CIC).

41. ¿PUEDE LA PENITENCIARÍA APOSTÓLICA CONCEDER DISPENSAS DE IRREGULARIDADES?

La Penitenciaría Apostólica puede conceder dispensas de irregularidades para recibir las sagradas órdenes y también para ejercerlas una vez recibidas, cuando el origen de ellas no sea un hecho de público conocimiento. Este Tribunal tiene competencia para dispensar en el fuero interno de las irregularidades cuya dispensa está reservada a la Santa Sede, como las provenientes de la comisión o cooperación positiva en el crimen de homicidio y aborto con efecto producido (cfr. cann. 1041 n. 4; 1044 § 1 n. 3 CIC).

Si bien es cierto que no todas las irregularidades están reservadas a la Santa Sede y en muchos casos, el Obispo diocesano tiene facultad para dispensarlas, los fieles pueden siempre libremente optar por recurrir a la Penitenciaría Apostólica.

42. ¿CÓMO SE SOLICITA ANTE LA PENITENCIARÍA APOSTÓLICA LA DISPENSA DE UNA IRREGULARIDAD?

La dispensa de una irregularidad se solicita por medio de una *carta* que el confesor o director espiritual de un sujeto irregular dirige a la Penitenciaría Apostólica. En dicha solicitud se debe omitir el nombre de la persona y exponer claramente el hecho que fue causa de la irregularidad.

43. ¿QUÉ DATOS DEBE CONTENER EL RECURSO CUANDO SE TRATA DE UN CANDIDATO A LAS SAGRADAS ÓRDENES QUE ES IRREGULAR POR HABER COOPERADO EN UN ABORTO?

Si se trata de un candidato a las sagradas órdenes el confesor o director espiritual deberá referir a la Penitenciaría lo siguiente:
- cuándo tuvo lugar su cooperación en el aborto y cuántas veces;
- en qué modo ha cooperado en este crimen;
- si es el padre del niño abortado;
- si se ha enmendado;
- si lo considera idóneo para recibir el sacramento[6].

Tratándose de un seminarista, la dispensa será concedida solo si la cooperación en el aborto tuvo lugar antes de haber entrado en el seminario.

44. ¿CUÁLES DATOS DEBE CONTENER EL RECURSO CUANDO SE TRATA DE UNA PERSONA YA ORDENADA QUE ES IRREGULAR POR HABER COOPERADO EN UN ABORTO?

Si se trata de una irregularidad de una persona que ya ha sido ordenada, el confesor o el director espiritual deberá referir los siguientes datos:

---

6   Cfr. Modelo en p. 57.

- cuándo tuvo lugar la cooperación en el aborto y cuántas veces;
- en qué modo ha cooperado en este crimen;
- si es el padre del niño abortado;
- si se ha enmendado y ha roto su relación con la mujer que ha abortado[7].

45. ¿POR QUÉ SE PLANTEAN IRREGULARIDADES EN EL "FUERO INTERNO"? ¿PUEDE HACERSE FUERA DE LA CONFESIÓN?

Un hecho que sea causa de una irregularidad puede ser algo oculto y por ello es conveniente que se resuelva en el fuero interno. Si un sujeto llega a conocer su irregularidad a través de una conversación con un sacerdote, éste puede solicitar la dispensa sin necesidad de haberlo escuchado en confesión. En este caso se utiliza el fuero interno no sacramental, que lógicamente está protegido por el secreto.

46. ¿QUÉ SUCEDE SI UNO HA RECIBIDO LAS ÓRDENES SIENDO IRREGULAR?

En tal hipótesis, si se trata de un caso oculto, si hay grave peligro de infamia y si no hay posibilidad de recurrir de inmediato al Ordinario o a la Penitenciaría, puede continuar ejerciendo sus órdenes. El recurso, sin embargo, debe ser enviado lo antes posible a la autoridad competente a través de su confesor o director espiritual (cfr. can. 1048 CIC). En la última reforma del Libro VI del Código de Derecho Canónico, sin embargo, se establece que quien accede a las órdenes sagradas afectado por alguna censura o irregularidad, ocultada voluntariamente, incurre en la pena de suspensión *ipso facto* (cfr. can. 1388 § 2 CIC). Por tanto, el confesor debe pedir a la Penitenciaría

---

7 Cfr. Modelo en p. 58.

la facultad de absolverle de la suspensión y de dispensar de las dos irregularidades: para recibir las órdenes y para ejercerlas.

47. TRATÁNDOSE DE UN CANDIDATO A LAS ÓRDENES AFECTADO POR UNA IRREGULARIDAD, ¿CUÁNDO SE DEBE RECURRIR A LA PENITENCIARÍA APOSTÓLICA?

La solicitud de la dispensa de una irregularidad tratándose de un candidato a las órdenes se suele enviar no antes de un año de la fecha prevista para la ordenación y en ella es importante hacer mención de la idoneidad del candidato. La Penitenciaría Apostólica tiene como praxis atender a las solicitudes con rapidez y en pocos días el confesor o director espiritual del candidato tendrá la respuesta en sus manos.

48. ¿QUÉ PUEDE HACER UN FIEL QUE HA SIDO VÁLIDA Y LEGÍTIMAMENTE DISPENSADO DE UNA IRREGULARIDAD EN EL FUERO INTERNO Y POSTERIORMENTE SALE A LA LUZ EL HECHO QUE DIO ORIGEN A TAL IRREGULARIDAD?

En estos casos, él podrá probar la existencia de la debida dispensa simplemente exhibiendo el número de protocolo del rescripto de la Penitenciaría que le otorgó dicha gracia.

IV. SANACIÓN EN LA RAÍZ DE MATRIMONIOS CONTRAÍDOS INVÁLIDAMENTE

49. ¿PUEDE LA PENITENCIARÍA APOSTÓLICA "SANAR EN LA RAÍZ" UN MATRIMONIO CONTRAÍDO INVÁLIDAMENTE?

La Penitenciaría Apostólica puede conceder la gracia de la sanación de un matrimonio contraído inválidamente cuando por motivos justificados convenga hacerlo en el fuero interno. Por ejemplo, cuando no se desea que el hecho de la sanación trascienda, es decir, que se dé a conocer la sanación de un matrimonio que todos consideraban regular. Para ello debe existir una verdadera y actual voluntad matrimonial y se ha de presumir que el hombre y la mujer deseen continuar viviendo juntos. La autoridad competente para conceder la sanación en la raíz de un matrimonio es normalmente el Obispo diocesano, pero por motivos justificados, se puede también recurrir a la Santa Sede[8].

50. ¿CÓMO SE SOLICITA LA "SANACIÓN EN LA RAÍZ" DE UN MATRIMONIO CONTRAÍDO INVÁLIDAMENTE?

La solicitud de la sanación en la raíz se realiza también a través de una carta. El sacerdote que se dirige a la Penitenciaría pidiendo esta gracia deberá referir:

– cómo tuvo conocimiento de la invalidez del matrimonio;
– causa de la invalidez;
– motivo por el cual se pide que esta gracia sea concedida en el fuero interno;
– si solo una parte o ambas piden la sanación;

---

8   Ver definición de sanación en la raíz en el can. 1161 § 1 CIC.

— en el caso que sea solo una la que la pide, si la otra está al corriente de la petición[9].

51. ¿ES NECESARIO QUE LA SOLICITUD DE LA SANACIÓN LA ENVÍE EL SACERDOTE A PETICIÓN DE AMBOS?

No necesariamente. La solicitud de la sanación puede ser hecha por ambas partes o por una, aun sin conocimiento de la otra (cfr. can. 1164 CIC). Es conveniente que el solicitante o los solicitantes conserven el número de protocolo de dicho rescripto en caso de que fuese necesario probar algo en el futuro. Si el sacerdote ha tenido noticia de la invalidez del matrimonio por medio de la confesión, el contenido del rescripto de la Penitenciaría Apostólica deberá ser comunicado al solicitante en una nueva confesión, señalando su número de protocolo y luego se deberá destruir el rescripto para evitar todo peligro de violación del sigilo sacramental.

---

9 Cfr. Modelo en p. 59.

V. OBLIGACIONES DE SANTAS MISAS

52. ¿TIENE LA PENITENCIARÍA APOSTÓLICA COMPETENCIA EN MATERIA DE OBLIGACIONES DE CELEBRAR DE SANTAS MISAS?

La aceptación de una intención para la celebración de una Santa Misa y el haber recibido una limosna por ella, que es lo que se suele llamar "estipendio" de Misa, constituye una grave obligación de justicia para el sacerdote y la debe satisfacer personalmente o por medio de otro. Hay también otras obligaciones celebrativas por las que no se recibe ninguna ofrenda, por ejemplo, la Misa *Pro Populo* a la que están obligados los párrocos (cfr. can. 534 CIC). Si un sacerdote se ve imposibilitado de celebrar un determinado número de Santas Misas a las cuales estaba obligado, puede, por medio de su confesor, solicitar a la Penitenciaría una reducción de ellas.

53. ¿PUEDE LA PENITENCIARÍA APOSTÓLICA CONCEDER REDUCCIONES DE OBLIGACIONES DE APLICAR MISAS QUE RECAEN SOBRE ENTES MORALES O INSTITUCIONES?

Cuando la obligación de celebrar Misas recae sobre una persona jurídica, por ejemplo, un Seminario o una Curia Diocesana, la Penitenciaría no puede conceder este tipo de gracias, porque las reducciones concedidas por la Penitenciaría dicen relación con la salvación del alma de un sacerdote, cuya buena reputación se debe tutelar. Por lo tanto, en esos otros casos, será necesario recurrir a la Dicasterio para el Clero, en el fuero externo.

54. ¿CÓMO DEBE PROCEDER UN CONFESOR CUANDO ACUDE A ÉL UN SACERDOTE QUE HA RECIBIDO INTENCIONES DE MISAS Y NO LAS HA APLICADO?

Un sacerdote penitente que se ve realmente imposibilitado de celebrar personalmente o por medio de otros las Misas que le hayan sido encargadas, puede solicitar por medio de su confesor que se le conceda una reducción de ellas. Para ello, el confesor, omitiendo el nombre del sacerdote penitente, deberá escribir una *carta* a la Penitenciaría Apostólica indicando:

– el número de Santas Misas que no han sido aplicadas;
– el motivo por el cual no las ha aplicado;
– en qué ha empleado el dinero recibido por ellas;
– la edad aproximada del sacerdote;
– el estado de su salud;
– el número de Santas Misas que él podría aplicar personalmente o hacer aplicar por otros sacerdotes[10].

La Penitenciaría Apostólica, tras evaluar toda la información proporcionada en el recurso, procederá eventualmente a hacer una reducción de la cantidad de Misas que no han sido aplicadas por el sacerdote penitente, imponiendo la obligación de celebrar o de hacer celebrar un número menor de ellas y para el resto se proveerá con cargo al "tesoro de la Iglesia"[11]. De todos los casos de reducciones de obligaciones de Misas, el Penitenciario Mayor informa personalmente al Santo Padre en audiencia privada.

---

10 Cfr. Modelo en p. 61.

11 La expresión "tesoro de la Iglesia" no hay que comprenderla como un cúmulo de bienes materiales que posee la Iglesia, sino que es el valor infinito e inagotable que tienen ante Dios la expiaciones y merecimientos de Nuestro Señor Jesucristo, al cual se agregan también el inmenso valor que tienen frente a Dios las oraciones y buenas obras de la Santísima Virgen María y de todos los santos (cf CLEMENTE VI, bula del jubileo *Unigenitus Dei Filius* en PABLO VI, Const. Apost. *Indulgentiarium doctrina*).

VI. OTROS

55. ¿ES POSIBLE SOMETER DUDAS DE CARÁCTER MORAL O CANÓNICO AL TRIBUNAL DE LA PENITENCIARÍA APOSTÓLICA?

Lógicamente, el sacerdote o la persona que tenga una duda de carácter moral o canónico, antes de recurrir al Tribunal de la Penitenciaría tratará de resolverla consultando textos del Magisterio de la Iglesia y el parecer de autores aprobados. Pero considerando la complejidad de algunos casos a los cuales se ven confrontados sacerdotes en el ejercicio de su ministerio es posible plantear dudas de carácter moral o canónico sobre casos concretos al Tribunal de la Penitenciaría Apostólica, evitando señalar los nombres de las personas que pudieran estar involucradas y usando en su exposición nombres ficticios[12]. La Penitenciaría, en algunos casos, tras consultar el parecer de sus propios consejeros, envía una respuesta indicando cómo se ha de proceder en el caso consultado. Se debe tratar siempre de hechos concretos y la respuesta no puede ser generalizada ni divulgada.

---

12 Cfr. Modelo en p. 62.

VII. ACERCA DE LOS FIELES DE LAS IGLESIAS ORIENTALES

56. ¿SE APLICAN LAS CENSURAS *LATAE SENTENTIAE* A LOS FIELES DE LAS IGLESIAS ORIENTALES?

A propósito de los fieles de Ritos orientales, es conveniente subrayar que ellos no están sometidos a la disciplina penal propia del Rito latino; en particular, a las censuras *latae sententiae*, porque esa institución es extraña a la tradición jurídica oriental, que conoce solo las penas *ferendae sententiae*. Pero el Código de los Cánones de las Iglesias Orientales, entrado en vigor en octubre de 1991, si bien reconociendo que los fieles orientales no incurren en penas *latae sententiae*, ha conservado dos pecados concretos que no pueden ser absueltos por cualquier confesor, porque están reservados a la Santa Sede. Dichos pecados reservado a la Santa Sede, indicados por el can. 728 § 1, nn. 1 y 2 CCEO, caen bajo la competencia de la Penitenciaría Apostólica y son: la violación directa del sigilo sacramental y la absolución del propio cómplice en un pecado contra la castidad.

57. ¿CUÁNDO CESA DE TENER EFECTO LA RESERVA DE UN PECADO EN EL DERECHO ORIENTAL?

A este propósito es necesario recordar que la reserva cesa de tener efecto cuando el penitente es un enfermo que no puede salir de casa y cuando, según el juicio prudente del confesor, no se puede solicitar a la autoridad competente la facultad de absolver sin una grave incomodidad para el penitente o sin el peligro de exponerle a violación del sigilo sacramental (cfr. can. 729, nn. 1 y 2 CCEO).

58. ¿ES VÁLIDA LA ABSOLUCIÓN DEL CÓMPLICE EN UN PECADO CONTRA LA CASTIDAD SEGÚN EL CÓDIGO DE LOS CÁNONES DE LAS IGLESIAS ORIENTALES?

La absolución del cómplice en un pecado contra la castidad, excepto en peligro de muerte, es también inválida para los fieles orientales en conformidad al can. 730 CCEO.

59. ¿CUÁLES SITUACIONES PARTICULARES PODRÍAN DARSE EN RELACIÓN CON LA ABSOLUCIÓN DE PECADOS RESERVADOS?

Tratándose de los pecados reservados ya mencionados, podrían darse las siguientes hipótesis:

a. *Sacerdote penitente de Rito oriental y confesor de Rito oriental*: en este caso se aplica simplemente lo que dispone el can. 728 CCEO y se requiere recurrir a la Penitenciaría Apostólica[13].

b. *Sacerdote penitente de Rito oriental y confesor de Rito latino*: en este caso el penitente no ha incurrido en excomunión, porque él está sometido al CCEO, pero el confesor, siendo de Rito latino, teóricamente no tendría limitaciones en sus facultad de confesar pecados reservados; sin embargo, la finalidad de la ley de los pecados reservados requeriría el recurso a la Penitenciaría Apostólica para absolver del pecado reservado o simplemente absolverlo cuando aquella reserva cese, según los criterios del can. 729 CCEO como se ha dicho en el n. 57.

---

13 Cfr. Modelo en p. 64.

60. ¿CÓMO DEBE ACTUAR UN CONFESOR DE RITO ORIENTAL FRENTE A UN FIEL LATINO QUE HA INCURRIDO EN UNA CENSURA RESERVADA A LA SEDE APOSTÓLICA?

Si un penitente de Rito latino ha incurrido en una censura por los delitos reservados a la Sede Apostólica y el confesor es de Rito oriental, éste podría utilizar la facultad que concede el can. 1357 CIC y absolverlo de la censura, pero con la obligación de recurrir a la Penitenciaría, o recurrir a la misma haciendo referencia a todos los elementos requeridos para estos delitos y pedir la facultad para absolverlo de la censura (cfr. pregunta 25).

61. ¿CÓMO RECURREN A LA PENITENCIARÍA APOSTÓLICA LOS FIELES DE LAS IGLESIAS ORIENTALES PARA TODAS LAS OTRAS COMPETENCIAS PERTENECIENTES AL FUERO INTERNO?

Para todos los fieles orientales es libre, y puede ser necesario, el acceso a la Penitenciaría Apostólica para todas las otras competencias del fuero interno (sanaciones, dispensas, convalidaciones, solución de dudas, etc.). En cuanto al modo y al contenido del recurso, se aplica por analogía todo lo que se ha dicho anteriormente para los fieles latinos.

VIII. INDULGENCIAS

62. ¿PUEDE LA PENITENCIARÍA APOSTÓLICA CONCEDER INDULGENCIAS?

La Penitenciaría Apostólica es el único Dicasterio de la Curia Romana al cual compete la *concesión* de indulgencias[14].

63. ¿DE QUÉ MODO SE PUEDEN PEDIR LAS INDULGENCIAS?

Una petición de indulgencias se realiza normalmente por carta o eventualmente también por fax, indicando el motivo de la solicitud y, en caso de que no sea el mismo Ordinario del lugar el que redacta la petición, se adjunta siempre la aprobación del Ordinario diocesano o bien de la Curia de pertenencia[15].

64. ¿EN CUÁLES OCASIONES SE PUEDEN PEDIR INDULGENCIAS?

Las ocasiones pueden ser diversas: por ejemplo, aniversarios de las diócesis, de las parroquias, de lugares sagrados; jubileos sacerdotales; indulgencias para institutos religiosos o asociaciones internacionales; primeras Santas Misas, etc.

---

14 La indulgencia es la remisión ante Dios de la pena temporal por los pecados, ya perdonados en cuanto a la culpa, que un fiel dispuesto y cumpliendo determinadas condiciones consigue por mediación de la Iglesia, la cual como administradora de la redención, distribuye y aplica con autoridad el tesoro de las satisfacciones de Cristo, de la Santísima Virgen María y de los Santos.

15 Cfr. Modelo en p. 65.

65. ¿CUÁLES SON LOS PLAZOS PARA LAS PETICIONES?

Se sugiere enviar la petición de indulgencia con un suficiente tiempo de anticipación, para que el respectivo decreto pueda ser expedido oportunamente.

66. ¿LAS INDULGENCIAS SON TODAVÍA DE ACTUALIDAD?

Ciertamente lo son, porque en su origen está el tesoro de los méritos de Nuestro Señor Jesucristo, de la Santísima Virgen María y de los Santos. En los últimos años ha aumentado notablemente la cantidad de peticiones de indulgencias: solo en el año 2022 hubo 1.376 concesiones.

CONCLUSIÓN

Después de haber leído estas preguntas y respuestas esperamos que el lector haya logrado formarse una idea de lo que es la Penitenciaría Apostólica, que es un órgano al servicio de los confesores y de los penitentes. Con justa razón se la puede llamar "Tribunal de la Misericordia", porque su misión principal es ayudar en el proceso de reconciliación con Dios y con la Iglesia del fiel que ha estado en una situación incompatible con su salvación eterna. La Penitenciaría Apostólica no ejercita su jurisdicción del modo que lo suelen hacer las autoridades del fuero externo, ya que se tutela siempre el anonimato del fiel. Tampoco se da una controversia entre partes que defiendan sus intereses. La Penitenciaría Apostólica no es un Tribunal al cual recurra un fiel solicitando la aplicación de una pena a otro fiel.

La existencia de un fuero interno en la Iglesia es un bien de inapreciable valor, muchas veces poco comprendido por quienes desconocen los criterios de Dios. El fuero interno mira inmediatamente a la salvación de las almas y es conveniente que exista, para que el fiel no se exponga a sufrir menosprecio de su fama y pueda recomenzar una vida en armonía con Dios. Por otro lado, no existe el "derecho a saber todo de todos", y la publicidad del mal puede tener efectos negativos, sea para el individuo concreto o para la sociedad que lo circunda.

El buen pastor, el que va tras la oveja perdida, ha de tener en gran estima el ámbito del fuero interno y lo defenderá aun en modo heroico. Ello no significa "encubrir el mal", sino cooperar con el plan de Dios para salvar a los hombres. Al final de la peregrinación en esta tierra, cada uno de nosotros será juzgado por Dios y su juicio será perfecto, exento de todo error, y en él se combinarán misteriosamente los atributos divinos de la misericordia y de la justicia. No olvidemos las palabras del Señor: "Os digo que de la misma manera, habrá más gozo en el cielo por un pecador que se convierte que por noventa y nueve justos que no necesitan conversión" (Lc 15, 7).

APÉNDICE 1

FÓRMULAS DE LA ABSOLUCIÓN DE CENSURAS Y DE LA DISPENSA DE LAS IRREGULARIDADES

En lo tocante a las fórmulas mismas de la absolución de censuras y de la dispensa de irregularidades, éstas se encuentran en el Apéndice 1 del *Ordo Paenitentiae*, publicado en 1974, que aquí transcribimos:

Para la absolución de las censuras

En virtud del poder que se me ha concedido, yo te absuelvo del vínculo de excomunión (o suspensión o entredicho). En el nombre del Padre, y del Hijo ✠ y del Espíritu Santo.

El penitente responde: Amén[16].

Para la dispensa de las irregularidades

En virtud del poder que se me ha concedido, yo te dispenso de la irregularidad en que has incurrido. En el nombre del Padre, y del Hijo ✠ y del Espíritu Santo.

El penitente responde: Amén.

---

16 El confesor puede también absolver de las censuras a un penitente utilizando la fórmula habitual de absolución de pecados *con la intención de absolverlo de ellas*.

APÉNDICE 2

MODELOS DE RECURSOS

A continuación, se presentan algunos ejemplos de recursos simulados, para que puedan servir para hacerse una idea de cómo se debe recurrir al Tribunal de la Penitenciaría Apostólica en las situaciones descritas en las páginas precedentes.

A) EN CASO DE PROFANACIÓN DE LAS SAGRADAS ESPECIES EUCARÍSTICAS

Al Emmo. Sr. Cardenal ...
Penitenciario Mayor
Tribunal de la Penitenciaría Apostólica
00120 Ciudad del Vaticano

Lugar y fecha

Señor Cardenal,

por medio de la presente me dirijo a Vuestra Eminencia para informarle que esta mañana he absuelto como caso urgente al penitente X, que se ha acusado de haber profanado las Sagradas Especies dos veces. Se trata de un hombre de aproximadamente 30 años de edad que me ha parecido sano mentalmente, el cual en dos Santas Misas, después de haber recibido la Santa Comunión en las manos y sin haber consumido las Hostias consagradas las ha llevado consigo a casa. En una ocasión ha tirado la Hostia en la basura y en la otra, se la ha dado al perro. Ha confesado que ha cometido estos actos reprobables como una forma de "venganza" contra Dios, por no haber logrado encontrar un trabajo en dos años.

Los delitos fueron cometidos por él solo y han permanecido ocultos. El Sr. X no tiene ningún contacto con sectas satánicas y ahora está muy arrepentido de lo que ha hecho. Me ha dicho además que jamás había cometido este tipo de actos en su vida y que tiene el firme propósito de no cometerlos nunca más. No creo que haya un riesgo de recaída porque ha comprendido bien la gravedad de lo que ha hecho.

Considerando su sincero arrepentimiento y sus buenos propósitos, he estimado oportuno utilizar la facultad que concede el can. 1357 y lo he absuelto de las censuras y de todos sus pecados. El Sr. X volverá a mi confesonario en cuatro semanas más. He impuesto como penitencia provisoria diez minutos de adoración del Santísimo Sacramento una vez por semana hasta que le comunique la penitencia que le habrá impuesto Vuestro Tribunal.

Esperando que los datos arriba mencionados sean suficientes, aprovecho esta circunstancia para saludarle cordialmente en el Señor,

(*Firma*)

B) EN CASO DE VIOLACIÓN DIRECTA DEL SIGILO SACRAMENTAL

Al Emmo. Sr. Cardenal ...
Penitenciario Mayor
Tribunal de la Penitenciaría Apostólica
00120 Ciudad del Vaticano

Lugar y fecha

Eminencia Reverendísima,

Ayer se ha presentado en mi confesionario don X, un sacerdote penitente de aproximadamente 40 años de edad. Se ha confesado de haber violado directamente el sigilo sacramental el lunes pasado.

Don X ha confesado que en una pausa, durante la reunión de decanato, ha comentado con otros sacerdotes que don Y tenía problemas de alcoholismo y que un eventual nombramiento como rector del Seminario le parecía muy imprudente. Don X sabía de estos problemas porque el mismo don Y cuando se confesaba con él le decía que se había excedido en el beber alcohol. Don X, tratando de evitar el nombramiento de un rector de Seminario que él consideraba no idóneo, ha hecho este comentario a un grupo de sacerdotes del decanato.

Después de haber escuchado su confesión le he dicho que si bien tenía una finalidad legítima, un confesor no puede revelar jamás pecados escuchados en una confesión. En el caso de don X, los dos elementos de la violación directa del sigilo sacramental estaban presentes: el pecado confesado y la identidad del penitente.

Don X está muy arrepentido de lo que ha hecho. Piensa que el daño no ha sido grande porque los demás sacerdotes ahí presentes ya sabían de los problemas que tenía don Y. Don X es un confesor que habitualmente es prudente en esta materia y es muy apreciado por sus penitentes por los sabios consejos que da.

Considerando su sincero arrepentimiento y buenos propósitos, he estimado oportuno utilizar la facultad que concede el can. 1357 y lo he absuelto de la censura y de todos sus pecados. Don X regresará a mi confesonario en cuatro semanas más. Le he impuesto como penitencia provisoria una vez por semana recitar cinco misterios del Santo Rosario, hasta que le comunique la penitencia definitiva que le habrá impuesto vuestro Tribunal.

Sin otro particular, aprovecho la ocasión para saludarle atentamente en el Señor,

(*Firma*)

C) EN CASO DE ABSOLUCIÓN DEL CÓMPLICE EN UN PECADO CONTRA EL SEXTO MANDAMIENTO DEL DECÁLOGO

Al Emmo. Sr. Cardenal …
Penitenciario Mayor
Tribunal de la Penitenciaría Apostólica
00120 Ciudad del Vaticano

Lugar y fecha

Señor Cardenal,

me dirijo a Vuestra Eminencia para presentar un caso de la competencia de vuestro Tribunal. He aquí los hechos: don X, un sacerdote diocesano de aproximadamente 40 años de edad, que está participando en los ejercicios espirituales que estoy predicando, me ha preguntado si podía escuchar su confesión. Esta mañana vino a confesarse y me dijo que hacía cinco meses que no se confesaba. Él había "absuelto" a una cómplice de un pecado contra el sexto mandamiento del Decálogo. La cómplice es una mujer adulta, de aproximadamente 25 años de edad, soltera con la cual había pecado de … Aquella mujer, pocos días después, se había confesado con él porque le daba mucha vergüenza confesarse con otro sacerdote. Don X, no considerando muy grave lo que había sucedido entre ambos, la había absuelto de todos sus pecados.

Don X me ha dicho además en su confesión que en aquel momento le había faltado el coraje para decirle a aquella mujer que no la podía absolver de tal pecado. Él está muy arrepentido de lo que ha hecho y desde aquella Confesión no ha visto más a esa mujer. Ha reconocido que ese pecado fue cometido en un momento de debilidad y ha decidido evitar otros contactos con aquella mujer.

Le he explicado a don X que cualquier pecado contra el sexto mandamiento del Decálogo cometido por un sacerdote con otra persona, no puede ser absuelto por él, a menos que el cómplice se encuentre en peligro de muerte, como dispone el can. 977 CIC.

Don X es un sacerdote que conozco desde hace 5 años. Él conduce una vida digna del ministerio sacerdotal, celebra diariamente la Santa Misa, es fiel al rezo de la Liturgia de las Horas y es un hombre de caridad.

Considerando su sincero e intenso arrepentimiento y sus buenos propósitos, he estimado oportuno utilizar la facultad que concede el can. 1357 y lo he absuelto de la censura y de todos sus pecados. Don X vendrá a verme en tres semanas más. Le he impuesto como penitencia provisoria una vez por semana la lectura meditada de algunas páginas del Evangelio que le he indicado, hasta que le comunique la penitencia definitiva que habrá impuesto el Tribunal de la Penitenciaría Apostólica.

Aprovecho la ocasión para expresarle mis sentimientos de cordial afecto en Cristo,

(Firma)

D) EN CASO DE IRREGULARIDAD PARA RECIBIR LAS SAGRADAS ÓRDENES

Al Emmo. Sr. Cardenal ...
Penitenciario Mayor
Tribunal de la Penitenciaría Apostólica
00120 Ciudad del Vaticano

Lugar y fecha

Señor Cardenal,

soy don ..., canónigo penitenciario de la Catedral de ... en ... y director espiritual del seminarista X. En una conversación con dicho seminarista, él me dijo que durante la clase de derecho canónico el profesor había tratado las irregularidades. X me dijo que había quedado un poco preocupado porque, aproximadamente 11 años atrás, cuando él tenía 19 años de edad y no era muy practicante, había aconsejado a su novia abortar cuando supo que la había dejado encinta. Ambos habían utilizado sus ahorros para financiar ese crimen, del cual él estaba muy arrepentido. Algunos años después X sintió la llamada del Señor y decide entrar en el Seminario. Antes de hacerlo se confesó con un sacerdote confesor de un santuario de su diócesis. Tal confesor no lo advirtió sobre la irregularidad en que había incurrido por haber colaborado en el aborto.

Como director espiritual de X, puedo afirmar que él ha tenido un comportamiento ejemplar en el Seminario en estos años y que sus Superiores le tienen una gran estima. X es un hombre de oración, muy apostólico, que aprecia la virtud de la castidad y que participa en actividades que promueven y defienden la vida.

Su ordenación diaconal tendrá lugar en cinco meses, por eso solicito a V.E. la dispensa de su irregularidad *ad recipiendos ordines*.

Muy agradecido por la consideración que dará al presente caso, me valgo de la circunstancia para saludarle atentamente en el Señor,

(Firma)

E) EN CASO DE IRREGULARIDAD PARA EJERCER LAS SAGRADAS ÓRDENES

Al Emmo. Sr. Cardenal ...
Penitenciario Mayor
Tribunal de la Penitenciaría Apostólica
00120 Ciudad del Vaticano

Lugar y fecha

Eminencia Reverendísima,

soy don ..., canónigo penitenciario de la Catedral de ... en ... Esta tarde he escuchado la confesión del Padre Sempronio, un sacerdote miembro de un instituto de vida consagrada, de aproximadamente 35 años de edad. Él se ha confesado de haber cooperado en el aborto de un hijo suyo ocho años antes de entrar en el seminario, facilitando el dinero a la mujer madre de su hijo.

El Padre Sempronio está muy arrepentido de lo que hizo en ese tiempo, antes de haber sentido la llamada del Señor. Ahora estudia derecho canónico. En el pasado mes de marzo participó en el Curso sobre el Fuero Interno ofrecido por vuestra Penitenciaría y descubrió que había incurrido en una irregularidad para ejercer las sagradas órdenes, a causa de ese grave pecado de su vida pasada, cometido cuando todavía era laico, y del cual había sido absuelto antes de entrar en el Seminario. Por medio de esta carta solicito a V.E. la dispensa de la irregularidad para ejercer las sagradas órdenes.

Padre Sempronio celebra todos los días la Santa Misa, rezar regularmente el breviario y ejerce con celo el ministerio sacerdotal.

Sin otro particular, aprovecho la ocasión para saludarle atentamente en el Señor,

(Firma)

F) EN CASO DE SANACIÓN DE UN MATRIMONIO CONTRAÍDO INVÁLIDAMENTE

Al Emmo. Sr. Cardenal ...
Penitenciario Mayor
Tribunal de la Penitenciaría Apostólica
00120 Ciudad del Vaticano

Lugar y fecha

Eminentísimo Señor Cardenal,

soy don ..., capellán del Hospital de San ... en ... Esta mañana he tenido una larga conversación con la Sra. AB, paciente enferma de cáncer que actualmente está recibiendo un tratamiento de quimioterapia. La mencionada señora está casada civilmente desde hace 25 años con el Sr. CD, católico pero no practicante. Él hace 30 años tuvo un litigio con su Obispo y desde ese momento no ha querido tener ningún contacto con la Iglesia.

AB y CD son personas libres y no habría ningún impedimento para contraer matrimonio sacramental. Tienen cuatro hijos, todos bautizados y educados en la fe.

La mujer sufre por no poder recibir los sacramentos a causa de su situación matrimonial irregular. Ella es una mujer de fe que frecuenta regularmente su parroquia.

Esta mañana le he hablado sobre la posibilidad de pedir la sanación en la raíz de su matrimonio y le he dicho que ésta podía ser concedida por la Santa Sede en el fuero interno. AB quedó muy contenta con lo que le dije y solicita, por medio mío, que se le conceda tal gracia. Me ha asegurado que con CD existe una verdadera voluntad matrimonial y que tienen la intención de permanecer juntos hasta la muerte.

Creo que en este caso se justifica la concesión de la sanación por los motivos que acabo de señalar, no obstante que CD no esté al corriente de la solicitud de AB.

Esperando una respuesta positiva a lo solicitado le saluda atentamente en el Señor,

(Firma)

G) EN CASO DE UN SACERDOTE QUE ESTÁ IMPOSIBILITADO DE APLICAR TODAS LAS MISAS POR LOS ESTIPENDIOS RECIBIDOS

Al Emmo. Sr. Cardenal …
Penitenciario Mayor
Tribunal de la Penitenciaría Apostólica
00120 Ciudad del Vaticano

Lugar y fecha

Eminencia Reverendísima,

soy don …, confesor del Santuario … en … Esta mañana vino a mi confesionario don Z, sacerdote diocesano de aproximadamente 80 años de edad, capellán de un convento de religiosas. Muy angustiado me ha dicho que en los últimos años ha recibido aproximadamente 5.000 estipendios por intenciones de Santas Misas pero que no ha podido aplicarlas. Con aquel dinero ha ayudado a un hermano suyo, que tenía y todavía tiene serios problemas económicos.

Don Z goza de buena salud para su edad, pero es presumible que en el tiempo que le queda de vida, no podrá aplicar una cantidad tan grande de intenciones de Misas, ya sea por su edad, como también porque muchos días debe aplicar la Santa Misa por las intenciones de las religiosas de quien es capellán.

Don Z no desearía dejar la tierra con este peso sobre su conciencia. Él piensa que podría aplicar personalmente 50 Santas Misas y hacer aplicar por otros sacerdotes 100, utilizando sus ahorros.

Don Z está muy arrepentido de lo que ha hecho y promete no aceptar más estipendios de Santas Misas que él no pueda aplicar. Por medio mío, solicita una reducción de sus obligaciones celebrativas.

Muy agradecido por cuanto estime oportuno hacer, le saluda cordialmente en el Señor,

(*Firma*)

H) EN CASO DE DUDA DE CARÁCTER MORAL

Al Emmo. Sr. Cardenal …
Penitenciario Mayor
Tribunal de la Penitenciaría Apostólica
00120 Ciudad del Vaticano

Lugar y fecha

Eminencia Reverendísima,

soy don …, confesor de Marcos, hombre casado de aproximadamente 50 años de edad, padre de seis hijos, todos educados en la fe y que frecuentan regularmente la iglesia. Marcos es un hombre que trabaja mucho para poder mantener una familia tan numerosa. Puedo agregar que es miembro de un movimiento eclesial y que participa todos los días en la Santa Misa. María, su cónyuge, es una mujer muy dedicada a la familia, pero diría que no tiene una gran formación religiosa. Va a Misa todos los domingos más que nada para acompañar a su familia.

Ana, su hija más pequeña, tiene 16 años de edad, pero nació con un retardo mental. Tiene la inteligencia de una niña de siete años. Sus padres la llevan todos los días a una escuela especial para niños con déficit cognoscitivo. Ana tiene muchos amigos en esa escuela y juega con ellos.

Marcos vino a verme para pedirme un consejo en una situación bastante delicada y que le preocupa mucho. Su hija Ana se ha enamorado de Juan, un compañero de escuela que también tiene un retardo mental, más o menos similar al de Ana. Marcos está muy preocupado que su hija pueda quedar encinta. Es claro para todos que Ana, a causa de su retraso mental, no posee las condiciones para ser mamá, ni tampoco es capaz de comprender que no puede serlo. Tanto Marcos como su mujer están muy angustiados por este problema, que es un riesgo real. María fue a pedir el parecer de varios médicos, pero Marcos encuentra contrarias a la doctrina de la Iglesia las respuestas que esos médicos han dado. Algunos médicos han aconsejado la esterilización; otros, el uso de anticonceptivos. Por este motivo Marcos me ha preguntado cómo se debe actuar en esta situación.

Con la presente solicito el parecer del Tribunal de la Penitenciaría Apostólica, para poder orientar a Marcos en esta difícil situación.

Me valgo de la ocasión para confirmarme S.S.S.,

(Firma)

I) EN CASO DE PECADO RESERVADO COMETIDO POR UN FIEL DE RITO ORIENTAL

Al Emmo. Sr. Cardenal ...
Penitenciario Mayor
Tribunal de la Penitenciaría Apostólica
00120 Ciudad del Vaticano

Lugar y fecha

Eminentísimo Sr. Cardenal,

soy el Padre ..., sacerdote de Rito bizantino. Me dirijo a V.E. para pedir la facultad para poder absolver el sacerdote X, de aproximadamente 30 años de edad, del pecado reservado de violación directa del sigilo sacramental.

He aquí los hechos: aproximadamente un mes atrás la Sra. Y se había confesado con dicho sacerdote de haber engañado a su marido. Pocos días atrás el sacerdote X dijo al párroco Z, que conoce bien a esta señora: "Y no es muy fiel a su marido y tengo miedo de que un día esto se descubra y que tal matrimonio se destruya".

Dicho sacerdote, muy arrepentido de lo que ha revelado, vino a verme y me ha pedido que someta su caso al Tribunal de la Penitenciaría Apostólica, para poder ser absuelto de este pecado reservado.

El suscrito puede afirmar que el P. X es un sacerdote de gran celo apostólico y que se confiesa frecuentemente. Me ha dicho que aquel comentario que hizo fue más bien una imprudencia de la cual está muy arrepentido.

Desde ya muy agradecido por la facultad que me será concedida le saluda cordialmente en el Señor asegurándole sus oraciones,

(Firma)

J) SOLICITUD DE INDULGENCIA PLENARIA

Al Emmo. Sr. Cardenal ...
Penitenciario Mayor
Tribunal de la Penitenciaría Apostólica
00120 Ciudad del Vaticano

Lugar y fecha

Objeto: solicitud de indulgencia plenaria en ocasión de ...

Señor Cardenal,

Con fecha ... se cumple el aniversario ...

Para promover la renovación espiritual de los fieles e incrementar la vida de la gracia solicito que a partir de ... , solemne apertura del año jubilar, hasta el día ..., clausura del mismo, visitando la Iglesia de ... en ... los fieles puedan obtener la indulgencia plenaria bajo las condiciones habituales, y que los enfermos y todos los que esté imposibilitados de participar físicamente puedan igualmente beneficiarse del don de la indulgencia plenaria, ofreciendo sus sufrimientos al Señor y cumpliendo las prácticas de piedad.

Aprovecho la ocasión para expresarle los sentimientos de mi mayor consideración y estima con las cuales me reitero,

Suyo affmo. en Cristo,

✠ ...

Obispo de ...

N.B. Según las necesidades, el solicitante podrá indicar algunos días particulares (fiestas patronales, fechas importantes, etc.) o lugares diversos (Iglesia catedral, santuarios, parroquias, etc.) donde se pueda celebrar el jubileo y beneficiarse con la indulgencia.

APÉNDICE 3

NOTA DE LA PENITENCIARÍA APOSTÓLICA SOBRE LA IMPORTANCIA DEL FUERO INTERNO Y LA INVIOLABILIDAD DEL SIGILO SACRAMENTAL

«El Hijo de Dios con su encarnación se ha unido, en cierto modo, con todo hombre»[1]; con sus gestos y sus palabras, iluminó la dignidad altísima e inviolable de cada hombre; en Él mismo, muerto y resucitado, restauró la humanidad caída, venciendo las tinieblas del pecado y de la muerte; a cuantos creen en Él abrió la relación con su Padre; con la efusión del Espíritu Santo, consagró la Iglesia, comunidad de los creyentes, como su verdadero cuerpo y le comunicó su propia potestad profética, real y sacerdotal, para que sea en el mundo como la prolongación de su misma presencia y misión, anunciando a los hombres de todo tiempo la verdad, guiándoles al esplendor de su luz, permitiendo que su vida sea realmente tocada y transformada.

En este tiempo tan problemático de la historia humana, al creciente progreso tecno-científico no parece corresponder un adecuado desarrollo ético y social, sino más bien una auténtica "involución" cultural y moral que, ajena a Dios −cuando no incluso hostil− es incapaz de reconocer y respetar, en todo ámbito y a todo nivel, las coordenadas esenciales de la existencia humana y, con ellas, de la vida misma de la Iglesia.

«Si el progreso técnico no se corresponde con un progreso en la formación ética del hombre, con el crecimiento del hombre interior (…), no es un progreso sino una amenaza para el hombre y para el mundo»[2]. También en el campo de las comunicaciones privadas y mediáticas crecen desmesuradamente las *"posibilidades técnicas"*, pero no el amor a la verdad, el compromiso en su búsqueda, el sentido de responsabilidad ante Dios y los hombres; se

---

1   Concilio Ecuménico Vaticano II, Constitución pastoral sobre la Iglesia en el mundo contemporáneo *Gaudium et spes* (7 de diciembre 1965), n. 22.

2   Benedicto XVI, Carta encíclica *Spe salvi* (30 de noviembre de 2007), n. 22.

manifiesta una preocupante desproporción entre medios de comunicación y ética. La hipertrofia comunicativa parece revolverse contra la verdad y, consiguientemente, contra Dios y contra el hombre; contra Jesucristo, Dios hecho hombre, y la Iglesia, su presencia histórica y real.

Se ha difundido en los últimos años cierta *"avidez"* de información, casi con independencia de su fiabilidad y oportunidad reales, hasta el punto de que el *"mundo de la comunicación"* parece querer *"reemplazar"* la realidad, tanto condicionando su percepción como manipulando su comprensión. De esa tendencia, que puede asumir los rasgos inquietantes de la morbosidad, no es inmune, desgraciadamente, la propia estructura eclesial, que vive en el mundo y, a veces, asume sus criterios. También entre los creyentes, frecuentemente, se emplean preciosas energías en la búsqueda de *"noticias"* –o de auténticos *"escándalos"*– adaptados a la sensibilidad de cierta opinión pública, con finalidades y objetivos que no pertenecen ciertamente a la naturaleza teándrica de la Iglesia. Todo esto en grave detrimento del anuncio del Evangelio a toda criatura y de las exigencias de la misión. Hay que reconocer humildemente que a veces ni siquiera los miembros del clero, hasta las jerarquías más altas, están exentos de esta tendencia.

Invocando de hecho, como último tribunal, el juicio de la opinión pública, muy a menudo se publican informaciones de todo tipo, pertenecientes incluso a las esferas más privadas y reservadas, que inevitablemente afectan la vida eclesial, inducen –o al menos favorecen– juicios temerarios, lesionan ilegítimamente y de modo irreparable la buena fama ajena, y el derecho de toda persona a defender su propia intimidad (cfr. can. 220 CIC). Las palabras de San Pablo a los Gálatas suenan, en este escenario, particularmente actuales: «Pues vosotros, hermanos, habéis sido llamados a la libertad; ahora bien, no utilicéis la libertad como estímulo para la carne [...]. Pero, cuidado, pues mordiéndoos y devorándoos unos a otros acabaréis por destruiros mutuamente» (*Gal* 5, 13-15).

En dicho contexto, parece afirmarse un cierto preocupante *"prejuicio negativo"* respecto a la Iglesia Católica, cuya existencia es culturalmente presentada y socialmente explicada, por un lado, a la luz de las tensiones que pueden darse dentro de la misma jerarquía y, por otro, partiendo de los recientes escándalos de abusos, horriblemente perpetrados por algunos miembros del clero. Este prejuicio, ajeno a la verdadera naturaleza de la Iglesia, a su historia auténtica y al impacto real y benéfico que siempre ha tenido y tiene en la vida de los hombres, a veces se traduce en la injustificable *"afirmación"* de que la Iglesia, en ciertos asuntos, debería amoldar su ordenamiento jurídico a las leyes civiles de los Estados en que vive, como única posible *"garantía de corrección y rectitud"*.

Ante todo esto, la Penitenciaría Apostólica ha considerado oportuno intervenir, con la presente *Nota*, para recordar la importancia y favorecer una mejor comprensión de aquellos conceptos, propios de la comunicación eclesial y social, que hoy parecen más ajenos a la opinión pública e incluso a los ordenamientos jurídicos civiles: *el sigilo sacramental, la reserva connatural al fuero interno extra-sacramental, el secreto profesional, y criterios y los límites propios de cualquier otra comunicación.*

1. SIGILO SACRAMENTAL

Recientemente, hablando del sacramento de la Reconciliación, el Santo Padre Francisco quiso recordar lo indispensable y lo intocable del sigilo sacramental: «La Reconciliación, en sí misma, es un bien que la sabiduría de la Iglesia ha salvaguardado siempre con toda su fuerza moral y jurídica con el sello sacramental. Aunque este hecho no sea siempre entendido por la mentalidad moderna, es indispensable por la santidad del sacramento y por la libertad de conciencia del penitente, que debe estar seguro, en cualquier momento, de que el coloquio sacramental permanecerá en el secreto del confesionario, entre su conciencia que se abre a la gracia y Dios, con la mediación necesaria del sacerdote. El sigilo sacramental es indispensable y ningún poder humano tiene sobre él jurisdicción, ni puede reclamarla»[3].

El inviolable secreto de la confesión proviene directamente del derecho divino revelado y hunde sus raíces en la misma naturaleza del sacramento, hasta el punto de no admitir excepción alguna en el ámbito eclesial ni, mucho menos, en el civil. En la celebración del sacramento de la Reconciliación está como contenida, de hecho, la esencia misma del cristianismo y de la Iglesia: el Hijo de Dios se hizo hombre para salvarnos y decidió implicar, como *"instrumento necesario"* en esta obra de salvación, a la Iglesia y, en ella, a los que Él ha elegido, llamado y constituido como sus ministros.

Para expresar esta verdad, la Iglesia siempre ha enseñado que los sacerdotes, en la celebración de los sacramentos, actúan *in persona Christi capitis*, o sea en la persona misma de Cristo cabeza: «Cristo nos permite usar su "yo", hablamos en el "yo" de Cristo, Cristo nos "empuja a sí" y nos permite unirnos, nos une con su "yo". [...] Es esa unión con su "yo" la que se realiza en las palabras de la consagración. También en el "yo te absuelvo" –*porque ninguno de nosotros podría absolver los pecados*– es el "yo" de Cristo, de *Dios, el único que puede absolver*»[4].

Todo penitente que humildemente acude al sacerdote para confesar sus pecados, demuestra así el gran misterio de la Encarnación y la esencia sobrenatural de la Iglesia y del sacerdocio ministerial, por medio del cual Cristo Resucitado sale al encuentro de los hombres, toca sacramentalmente –o sea, realmente– su vida y los salva. Por tal razón, la defensa del sigilo sacramental por parte del confesor, si fuese necesario *usque ad sanguinis effusionem*, representa no solo un acto de obligada *"lealtad"* al penitente, sino mucho más: un necesario testimonio –un *"martirio"*– dado directamente a la unicidad y a la universalidad salvífica de Cristo y de la Iglesia[5].

---

3   Francisco, *Discurso a los participantes en el XXX Curso sobre el Fuero Interno organizado por la Penitenciaría Apostólica* (29 de marzo de 2019).

4   Benedicto XVI, *Charla con los sacerdotes* (10 de junio de 2010).

5   Cfr. Congregación para la Doctrina de la Fe, Declaración *Dominus Iesus* sobre la unicidad y la universalidad salvífica de Jesucristo y de la Iglesia (6 de agosto de 2000).

La materia del sigilo está actualmente expuesta y regulada por los cánones 983-984 y 1388 § 1 del CIC y el can. 1456 del CCEO, así como el n. 1467 del *Catecismo de la Iglesia Católica*, donde significativamente se lee no que la Iglesia *"establece"*, por su propia autoridad, sino que *"declara"* –o sea lo reconoce como un dato previo, que deriva precisamente de la santidad del sacramento instituido por Cristo– «que todo sacerdote que oye confesiones está obligado a guardar un secreto absoluto sobre los pecados que sus penitentes le han confesado, bajo penas muy severas».

Al confesor no se le permite, nunca y por ninguna razón, «descubrir al penitente, de palabra o de cualquier otro modo» (can. 983 § 1 CIC), y «está terminantemente prohibido al confesor hacer uso, con perjuicio del penitente, de los conocimientos adquiridos en la confesión, aunque no haya peligro alguno de revelación» (can. 984 § 1 CIC). La doctrina ha contribuido, además, a especificar posteriormente el contenido del sigilo sacramental, que comprende «todos los pecados tanto del penitente como de otros conocidos por la confesión del penitente, mortales o veniales, ocultos o públicos, en cuanto manifestados en orden a la absolución y, por tanto, conocidos por el confesor en virtud de la ciencia sacramental»[6]. El sigilo sacramental, por eso, se refiere a todo aquello de lo que el penitente se haya acusado, incluso en el caso de que el confesor no pudiese dar la absolución: aunque la confesión fuese inválida o por alguna razón la absolución no se diese, también entonces el sigilo debe ser mantenido.

El sacerdote, en efecto, llega a conocer los pecados del penitente «non ut homo, sed ut Deus – *no como hombre, sino como Dios*»[7], hasta el punto de que simplemente *"no sabe"* lo que se le ha dicho en sede confesional, porque no lo ha oído en cuanto hombre sino, precisamente, en nombre de Dios. El confesor podría, por eso, hasta *"jurar"*, sin ningún perjuicio para su propia conciencia, *"no saber"* lo que sabe solo en cuanto ministro de Dios. Por su

---

6   V. De Paolis – D. Cito, *Le sanzioni nella Chiesa. Commento al Codice di Diritto Canonico. Libro VI*, Città del Vaticano, Urbaniana University Press, 2000, p. 345.

7   Tomás de Aquino, *Summa Theologiae, Suppl.*, 11, 1, ad 2.

peculiar naturaleza, el sigilo sacramental llega a vincular al confesor incluso *"interiormente"*, hasta el punto de que le está prohibido recordar voluntariamente la confesión y está obligado a suprimir todo recuerdo involuntario de ella. Al secreto derivado del sigilo está obligado también quien, de cualquier modo, haya llegado a conocimiento de los pecados de la confesión: «También están obligados a guardar secreto el intérprete, si lo hay, y todos aquellos *que, de cualquier manera, hubieran tenido conocimiento de los pecados por la confesión»* (can. 983 § 2 CIC).

La prohibición absoluta impuesta por el sigilo sacramental es tal que impide al sacerdote hablar del contenido de la confesión con el mismo penitente, fuera del sacramento, «a menos que sea explícito, e incluso mejor si no se solicita, el consentimiento del penitente»[8]. El sigilo, por tanto, va más allá de la disponibilidad del penitente, el cual, una vez celebrado el sacramento, no tiene el poder de levantar al confesor la obligación del secreto, ya que ese deber viene directamente de Dios.

La defensa del sigilo sacramental y la santidad de la confesión nunca podrán constituir ninguna forma de connivencia con el mal: al contrario representan el único verdadero antídoto al mal que amenaza al hombre y al mundo entero; son la posibilidad real de abandonarse al amor de Dios, de dejarse convertir y transformar por ese amor, aprendiendo a manifestarlo con actos concretos en la propia vida. En el caso de pecados que tienen la categoría de delitos, nunca está permitido poner al penitente, como condición para la absolución, la obligación de presentarse a la justicia civil, en virtud del principio natural, incorporado en todo ordenamiento jurídico, según el cual *nemo tenetur se detegere.* Al mismo tiempo, sin embargo, pertenece a la misma *"estructura"* del sacramento de la Reconciliación, como condición para su validez, el sincero arrepentimiento, junto al firme propósito de enmienda y no repetir el mal cometido. Cuando se presente un penitente que haya sido víctima del mal ajeno, será deber del confesor informarle respecto

---

8   Juan Pablo II, *Discurso a los participantes en el Curso sobre el Fuero Interno organizado por la Penitenciaría Apostólica* (12 de marzo de 1994), n. 4.

a sus derechos, así como acerca de instrumentos jurídicos concretos a los que puede acudir para denunciar el hecho en el ámbito civil y/o eclesiástico en busca de justicia.

Toda acción política o iniciativa legislativa destinada a *"forzar"* la inviolabilidad del sigilo sacramental constituiría una inaceptable ofensa a la *libertas Ecclesiae*, que no recibe su legitimación de los Estados, sino de Dios; constituiría igualmente una violación de la libertad religiosa, de la que obtiene su fundamento jurídico cualquier otra libertad, incluida la libertad de conciencia de los ciudadanos, ya sean penitentes o confesores. Violar el sigilo equivaldría a violar al pobre que hay en el pecador.

2. FUERO INTERNO EXTRA-SACRAMENTAL Y DIRECCIÓN ESPIRITUAL

Al ámbito jurídico-moral del fuero interno pertenece también el llamado *"fuero interno extra-sacramental"*, también secreto, pero externo al sacramento de la Penitencia. También ahí la Iglesia ejerce su misión y potestad salvífica: no perdonando los pecados, sino concediendo gracias, rompiendo vínculos jurídicos (como, por ejemplo, las censuras) y ocupándose de todo lo que respecta a la santificación de las almas y, por eso, a la esfera propia, íntima y personal de cada fiel.

Al fuero interno extra-sacramental pertenece de modo particular la dirección espiritual, en la que el fiel confía su camino de conversión y de santificación a un determinado sacerdote, consagrado/a o laico/a.

El sacerdote ejerce dicho ministerio en virtud de la misión que tiene de representar a Cristo, que le ha sido conferida por medio del sacramento del Orden y que debe llevar a cabo en la comunión jerárquica de la Iglesia, por medio de los llamados *tria munera*: el deber de enseñar, de santificar y de gobernar. Los laicos lo ejercen en virtud del sacerdocio bautismal y del don del Espíritu Santo.

En la dirección espiritual, el fiel abre libremente el secreto de su conciencia al director/acompañante espiritual, para ser orientado y sostenido en la escucha y en el cumplimento de la voluntad de Dios.

Por esto, también este ámbito particular requiere un cierto secreto *ad extra*, connatural al contenido de las charlas espirituales y derivado del derecho de toda persona al respeto a su intimidad (cf. can. 220 CIC). Aunque de modo solo *"análogo"* a lo que sucede en el sacramento de la Confesión, el director espiritual llega a conocer la conciencia del fiel en virtud de su *"especial"* relación con Cristo, que recibe de la santidad de vida y –si es clérigo– del mismo Orden sagrado recibido.

Como ejemplo de la especial reserva reconocida a la dirección espiritual, considérese la prohibición, sancionada por el derecho, de pedir no solo el parecer del confesor, sino incluso del director espiritual, con motivo de la admisión a las Órdenes sagradas o, viceversa, para expulsar del seminario a los candidatos al sacerdocio (cfr. can. 240 § 2 CIC; can. 339 § 2 CCEO). Del mismo modo, la instrucción *Sanctorum Mater* del 2007, relativa al desarrollo de las encuestas diocesanas o eparquiales en las Causas de los Santos, prohíbe admitir a declarar no solo a los confesores, en tutela del sigilo sacramental, sino también a los mismos directores espirituales del Siervo de Dios, también por todo lo que han sabido en el fuero de la conciencia, fuera de la confesión sacramental[9].

Dicha necesaria reserva será tanto más *"natural"* al director espiritual, cuanto más aprenda a reconocer y a *"conmoverse"* ante el misterio de la libertad del fiel que, por medio de él, se dirige a Cristo; el director espiritual deberá concebir su misión y su misma vida como algo dedicado exclusivamente ante Dios, al servicio de su gloria, por el bien de la persona, de la Iglesia y para la salvación del mundo entero.

---

9   Cfr. Congregación para las Causas de los Santos, *Sanctorum Mater*. Instrucción sobre el procedimiento diocesano o eparquial en las causas de los santos (17 de mayo de 2007), art. 101 § 2.

3. SECRETOS Y OTROS LÍMITES PROPIOS DE LA COMUNICACIÓN

De otra naturaleza respecto al ámbito del fuero interno, sacramental y extra-sacramental, son las confidencias hechas bajo el sigilo del secreto, así como los llamados *"secretos profesionales"*, que tienen particulares categorías de personas, tanto en la sociedad civil como en la eclesial, en virtud de un especial oficio que realizan para los individuos o para la colectividad.

Dichos secretos, en virtud del derecho natural, siempre deben guardarse, «salvo –afirma el *Catecismo de la Iglesia Católica* en el n. 2491– *los casos excepcionales en los que el no revelarlos podría causar al que los ha confiado, al que los ha recibido o a un tercero daños muy graves y evitables únicamente mediante la divulgación de la verdad*».

Un caso particular de secreto es el *"secreto pontificio"*, que vincula en virtud del juramento ligado al ejercicio de determinadas tareas al servicio de la Sede Apostólica. Si el juramento de secreto vincula siempre *coram Deo* a quien lo ha emitido, el juramento ligado al *"secreto pontificio"* tiene como causa última el bien público de la Iglesia y la *salus animarum*. Presupone que dicho bien y las mismas exigencias de la *salus animarum*, incluido el uso de informaciones que no caen bajo el sigilo, puedan y deban ser correctamente interpretadas solo por la Sede Apostólica, en la persona del Romano Pontífice, a quien Cristo Señor ha constituido y puesto como principio visible y fundamento de la unidad de la fe y de la comunión de toda la Iglesia[10].

Por cuanto concierne a los otros ámbitos de la comunicación, sean públicos o privados, en todas sus formas y expresiones, la sabiduría de la Iglesia siempre ha indicado como criterio fundamental la *"regla de oro"* pronunciada por el Señor y recogida en el Evangelio de Lucas: «Lo que queráis que hagan los hombres con vosotros, hacedlo de igual manera con ellos» (*Lc* 6,31). Por eso, al comunicar la verdad o al callar sobre ella, cuando quien la pide no tiene derecho a conocerla, hay que conformar siempre la propia vida de acuerdo

---

10 Cfr. Concilio Ecuménico Vaticano II, Constitución dogmática sobre la Iglesia *Lumen gentium* (21 de noviembre de 1964), n. 18.

con el precepto del amor fraterno, teniendo presente el bien y la seguridad ajena, el respeto de la vida privada y el bien común[11].

Como particular deber de manifestar de la verdad, dictado por la caridad fraterna, conviene señalar la llamada *"corrección fraterna"*, en sus varios grados, enseñada por el Señor. Sigue siendo el horizonte de referencia, cuando sea necesaria y habrá que tener en cuenta lo que las circunstancias concretas permitan y exijan: «Si tu hermano peca contra ti, repréndelo estando los dos a solas. Si te hace caso, has salvado a tu hermano. Si no te hace caso, llama a otro o a otros dos, para que todo el asunto quede confirmado por boca de dos o tres testigos. Si no les hace caso, díselo a la comunidad» (Mt 18,15-17).

En nuestro tiempo de comunicación masiva, en el que toda información es *"quemada"* y con ella, por desgracia, frecuentemente también parte de la vida de las personas, es necesario volver a considerar la fuerza que tiene la palabra, su poder constructivo, pero también su potencial destructivo; debemos vigilar para que el sigilo sacramental nunca sea violado por nadie y también para que la necesaria reserva –ligada al ejercicio del ministerio eclesial– sea siempre custodiada celosamente, teniendo como único horizonte la verdad y el bien integral de las personas.

Invoquemos del Espíritu Santo, para toda la Iglesia, un ardiente amor por la verdad en todo ámbito y circunstancia de la vida; la capacidad de custodiarla íntegramente en el anuncio del Evangelio a toda criatura, la disponibilidad al martirio para defender la inviolabilidad del sigilo sacramental, y la prudencia y la sabiduría necesarias para evitar todo uso instrumental y erróneo de las informaciones propias de la vida privada, social y eclesial, que pueden volverse ofensivas para la dignidad de la persona y de la Verdad misma, que es siempre Cristo, Señor y Cabeza de la Iglesia.

En la celosa custodia del sigilo sacramental y de la necesaria discreción ligada al fuero interno extra-sacramental y a los demás actos del ministerio brilla una síntesis particular entre dimensión petrina y mariana en la Iglesia.

---

11 Cfr. *Catecismo de la Iglesia Católica*, n. 2489.

Con Pedro, la esposa de Cristo custodia, hasta el fin de la historia, el ministerio institucional del *"poder de las llaves"*; como María Santísima, la Iglesia conserva «todas esas *cosas en su corazón*» (Lc 2,51b), sabiendo que en ellas reverbera esa luz que ilumina a todo hombre y que, en el sagrado espacio entre la conciencia personal y Dios, debe ser preservada, defendida y custodiada.

El Sumo Pontífice Francisco, en fecha 21 de junio de 2019, ha aprobado la presente Nota, y ha ordenado su publicación.

Dado en Roma, desde la sede de la Penitenciaría Apostólica, el 29 de junio, año del Señor 2019, en la Solemnidad de los Santos Pedro y Pablo, Apóstoles.

Mauro Card. Piacenza
Penitenciario Mayor

Mons. Krzysztof Nykiel
Regente